PUBLICATION DE LA RÉUNION DES OFFICIERS

HISTORIQUE

DU

101e RÉGIMENT D'INFANTERIE

DE LIGNE

PARIS
CH. TANERA, ÉDITEUR
LIBRAIRIE POUR L'ART MILITAIRE, LES SCIENCES ET LES ARTS
Rue de Savoie, 6

1875

HISTORIQUE

DU

101e RÉGIMENT D'INFANTERIE

PUBLICATION DE LA RÉUNION DES OFFICIERS

HISTORIQUE

DU

RÉGIMENT D'INFANTERIE

DE LIGNE

PARIS

CH. TANERA, ÉDITEUR

POUR L'ART MILITAIRE, LES SCIENCES ET LES ARTS

Rue de Savoie, 6

1875

HISTORIQUE

DU

101e RÉGIMENT D'INFANTERIE DE LIGNE

Le 101e régiment d'infanterie portait en 1792 le nom de Royal-Liégeois. Ce régiment, formé en 1787, avait pris alors le n° 107, l'année suivante le n° 104, et était devenu 101e en 1790.

Royal-Liégeois avait, à l'époque de sa formation, pour colonel-propriétaire perpétuel, le prince-évêque de Liége. Le comte de la Tour était colonel-propriétaire représentant le prince. Le régiment était commandé par le comte de Raugrave, avec le titre de colonel-commandant.

Le 31 août 1790, Royal-Liégeois était du petit nombre des régiments fidèles qui, sous les ordres du marquis de Bouillé, réprimèrent l'insurrection de Nancy. Il fut ensuite dirigé sur Béfort. Là il se vit bientôt exposé, ainsi que le régiment Lauzun-hussards, aux insultes de la population, qu'excitaient les révolutionnaires ardents. Plusieurs rixes sérieuses eurent lieu, une entre autres le 21 octobre. Le chevalier de Ternaut reçut l'ordre de prendre le commandement du régiment. Mais tous les efforts de cet officier respectable ne purent réussir à rétablir l'ordre, et moins encore à calmer les soldats, constamment surexcités par les menaces et les insultes de la population.

Celle-ci avait déjà la certitude de l'impunité. En effet, l'année suivante, pour sortir de cette situation, le pouvoir d'alors, déjà débordé par l'émeute et peu soucieux d'ailleurs du devoir militaire, donna tort aux gens de cœur qui avaient su porter haut et ferme le drapeau auquel ils avaient prêté serment. Royal-Liégeois fut licencié le 21 septembre 1792.

L'année suivante, l'infanterie fut réorganisée. La Convention avait compris que les traditions militaires ne s'improvisent pas, et que la seule manière d'utiliser ses bataillons de volontaires était de les faire former à la discipline par les vieux régiments que lui avait légués la royauté.

Les demi-brigades d'infanterie se composaient chacune de deux bataillons de volontaires et d'un bataillon des anciens régiments.

L'un des plus anciens et des plus beaux de ces corps, le régiment de la Sarre-infanterie, n° 51, fournit ses deux bataillons pour la formation des 101e et 102e demi-brigades. La 101e se composa, en outre, des 3e et 6e bataillons des Bouches-du-Rhône.

Le bataillon de la Sarre-infanterie apportait à la 101e le souvenir de mainte action brillante. Son régiment portait sur son drapeau, au lieu de devise, le seul nom de Malplaquet, une défaite glorieuse.

Formé en 1651, en Lorraine, sous le nom de la

Ferté-Sennecterre d'infanterie, au moment de la Fronde, il débuta par la prise de Vichercy, de Mirecourt et d'Epinal, et fut particulièrement remarqué au siége de Ligny.

Le 25 juin 1652, la Ferté rejoignit à Lagny, devant Paris, l'armée de Turenne, et le 2 juillet était en tête de l'attaque du faubourg Saint-Antoine.

La sédition vaincue, le régiment retourna en Lorraine, où il ne tarda pas à se signaler par de nouveaux faits d'armes : la prise du château de Ligny (22 décembre 1653), celle de Rethel et de Mouzon, et enfin de Béfort, le 7 février 1654.

Envoyé l'année suivante au secours d'Arras, la Ferté revint aussitôt en Lorraine, et prit, sous la conduite du lieutenant-colonel de Paillet, une part brillante au siége de Clermont (1655).

Retourné dans les Flandres, au siége de Landrecies, le régiment, après la descente du fossé, ouvre l'ouvrage à cornes au régiment des Gardes, puis, au siége de Valenciennes, est presque entièrement détruit dans une attaque malheureuse.

Presque aussitôt reformé, il se montre aussi brillant à Montmédy, en 1657, et à Gravelines l'année suivante. Le régiment comptait alors dans ses rangs Vauban comme capitaine.

Rentré en Lorraine à la paix, la Ferté fut envoyé à Nancy en 1661.

Deux ans après, Vauban, à la tête de 20 compagnies du régiment, enlevait par un hardi coup de main la place de Marsal.

En 1664, un bataillon faisait partie des troupes envoyées par le roi au secours de l'Autriche, et donnait aux Turcs, à la bataille de Saint-Gothard, une haute idée de la valeur française.

Envoyé en 1667 pour obtenir les réparations qu'exigeait la France de l'évêque de Munster, le régiment fut ensuite dirigé de nouveau sur les Flandres, où il prit part aux siéges de Tournai, Lille et Charleroi.

En 1672, après la prise de Zutphen et de Nimègue, il passa à l'armée de Turenne, et le 14 juin 1674 ses grenadiers se couvrirent de gloire à l'attaque du poste de Burghausen, et le surlendemain, à Sintzheim, le régiment tout entier montrait que ses compagnies de grenadiers n'étaient pas ses seules compagnies d'élite. Il opéra ensuite dans le pays de Bade jusqu'à la mort de Turenne, et, dans la retraite qui suivit, fut admirable le 1er août 1675 au pont d'Altenheim.

Envoyé en 1683 au camp de la Sarre, il eut l'honneur, le 8 mai 1684, d'ouvrir la tranchée devant Luxembourg avec le régiment de Champagne. Le 14, il se couvrit de gloire à l'attaque du chemin couvert. L'année suivante, il prit, en récompense de ses brillants faits d'armes, le titre de régiment de la Sarre-infanterie.

C'est sous ce nom qu'il parut en 1690 à Staffarde, sous Catinat, et en 1691 aux siéges de Carmagnola, de Coni et de Montmélian. L'année suivante, son premier bataillon, passé à l'armée de Flandre, enlevait l'ouvrage à cornes de Namur, et se distinguait ensuite à Steinkerque (1693).

En 1701, la Sarre-infanterie fut de nouveau réuni en Italie. En 1704, on le vit au siége de Verceil, en 1705 à l'assaut du fort de l'Ile, à la bataille de Cassano, enfin au déblocus de Toulon (15 août 1707). A Malplaquet (1709), son colonel, le comte de Montcault, fut tué en défendant le bois de Sazt, à la tête de son 1ᵉʳ bataillon : c'est en commémoration de sa belle conduite dans cette sanglante journée que le régiment inscrivit sur son drapeau le nom de Malplaquet.

En 1710, ce bataillon fut rejoint par le 2ᵉ qui, envoyé en Espagne après ses succès d'Italie, s'était encore distingué à Almanza. Le régiment entier prit part à la défense à Douai en 1710; en 1712, le 1ᵉʳ bataillon assista aux siéges du Quesnoy et de Bouchain; le 2ᵉ était retourné en Espagne.

L'année 1733 retrouve le régiment de la Sarre en Italie; il assiste en 1734 à la bataille de Parme, est envoyé en Corse en 1738, et en 1743 en Bavière; revenu sur le Rhin l'année suivante, il prend part à la reprise des lignes de Wissembourg et de la Lauter.

En 1755, le 2ᵉ bataillon fut envoyé au Canada; ses débris rentrèrent six ans après à la Rochelle, ayant ajouté à tant de souvenirs ceux d'une immortelle campagne. Le 1ᵉʳ bataillon envoyé en 1762 en Espagne soutint brillamment sa belle réputation au siége d'Almeïda.

Telle était la légende de gloire et d'honneur que léguait la Sarre-infanterie aux 101ᵉ et 102ᵉ demi-brigades.

Organisée au camp de Barraux près Grenoble, la 101e fut immédiatement dirigée sur l'armée d'Italie et cantonnée à Monaco, Escarena et Castiglione. Elle y passa l'hiver.

Au retour de la belle saison, les opérations commencèrent. Après les brillants combats des 6 et 8 avril près d'Osseille, la 101e se porta le 9 sur Loano, et prit part à la prise de cette ville sous le commandement du général Cervoni.

Le 26, le 2e bataillon enleva brillamment le mont Fougasse, et le 29, la demi-brigade se cantonna dans les positions conquises, qu'elle occupa jusqu'au mois de septembre.

Lorsqu'à la demande du jeune Bonaparte, alors en mission à l'armée d'Italie, l'invasion du Piémont fut résolue, la 101e fut du nombre des corps appelés à agir sur la Bormida. Les 1er et 3e bataillons partirent le 18 septembre des cantonnements qu'ils occupaient aux environs de Loano ; ils continuaient à faire partie de la brigade Cervoni.

Après une marche très-pénible, le poste de San-Giacomo fut brillamment enlevé le 19.

Le 21, à Cairo, les trois colonnes qui composaient l'expédition attaquèrent les Autrichiens à l'arme blanche, à 3 heures de l'après-midi, après avoir marché depuis le matin. L'ennemi fut rejeté dans le plus grand désordre après avoir perdu un millier d'hommes. Le 1er bataillon de la 101e s'était fait remarquer par son élan. Mais les événements de l'intérieur (suite du 9 thermidor) vinrent faire ajourner l'opération. Les 1er et 3e bataillons, restant dans la brigade Cervoni, occupèrent San-Giacomo et Melogno. Le 2e bataillon vint à Antibes, puis fut dirigé sur Nice, où il arriva le 30 octobre.

Tout l'hiver de 1794-1795 se passa en changements de postes insignifiants. Le 24 mai, le régiment se trouvait partagé en deux. Le 1er bataillon restait sous les ordres du général Cervoni à la division Freytag, laquelle était cantonnée de Savone à la tour de Melogno ; les 2e et 3e, à la brigade Gouvion, division Masséna, occupant le mont Saint-Bernard. On resta tout l'été sur la défensive, la faiblesse numérique de l'armée ne permettant point une autre attitude.

On dut même replier la droite de l'armée. Au mois de novembre, lorsque l'armée des Pyrénées-Orientales eut rejoint celle d'Italie, le général Schérer se porta en avant.

La 101e tout entière faisait partie du petit corps d'armée commandé par Masséna. Le 23 novembre, les passages des Apennins furent franchis, les Autrichiens surpris et culbutés, et l'on vint camper de nouveau sur les hauteurs de Melogno. Le 24, la bataille recommença, mais ne fut bientôt plus qu'une poursuite.

Mais la 101e était du nombre des corps qui avaient payé cher ce brillant succès. Les moyens dont on disposait alors n'ayant pas permis de la renforcer suffisamment, elle fut versée en entier à la 84e demi-brigade le 23 février 1796.

Trois années se passèrent sans que ce numéro, qui

avait été si glorieusement porté, reparût sur nos champs de bataille. En janvier 1799 seulement fut reconstituée la 101e avec des détachements des 20e légère, 38e et 80e de ligne. On ajouta pour compléter l'effectif des conscrits et des réquisitionnaires de plusieurs départements, et enfin, le 2 pluviôse an VIII (21 janvier 1799), un bataillon tout entier, le 1er bataillon auxiliaire de la haute Marne.

La nouvelle 101e demi-brigade fut dirigée sur Strasbourg et n'y resta pas longtemps inactive. Le 1er germinal an VII (21 mars 1799), elle passa le Rhin, et occupa les défilés du val de la Kintzig. Après la perte de la bataille de Stokach et la retraite en deçà du Rhin, la 101e fut chargée de défendre la forteresse d'Auenheim. Le 20 fructidor (6 septembre), dans une sortie heureuse, elle fit 62 prisonniers.

Elle quitta bientôt après Auenheim pour la redoute de Kehl. Le 11 brumaire (2 novembre) eut lieu une sortie. Les Autrichiens furent brillamment débusqués de toutes leurs positions ; la 101e ramena une centaine de prisonniers.

Lorsque le général Moreau vint prendre le commandement de l'armée, la 101e fut dirigée sur Bâle, et placée sous les ordres du général Lecourbe. Toutefois, au moment de l'entrée en campagne, le 1er bataillon seul eut l'honneur de prendre part aux opérations. Le 6 floréal (27 avril 1800), il passa le Rhin près d'Huningue. Le 13 floréal (3 mai), il prit une part brillante au combat de Stokach : l'échec de l'année précédente était vengé sur le même terrain, tandis que le reste de l'armée, à Engen, achevait de s'assurer la possession des deux rives du Rhin. Le 15 floréal (5 mai), la sanglante journée de Moesskirck décidait de la retraite de l'armée autrichienne.

Une grande partie de l'honneur de la journée revenait au corps de Lecourbe. Enfin, dans les combats des 19 et 20 floréal (9 et 10 mai), dans les rangs du même corps, le 1er bataillon du 101e représentait vaillamment la demi-brigade.

Celle-ci pourtant n'était point restée inactive. Elle avait franchi le Saint-Gothard, et rejoint la première armée de réserve après avoir culbuté à Bellinzona les Autrichiens qui voulaient lui barrer la route. Peu après, le 1er bataillon, revenu de l'armée du Rhin, rejoignit la demi-brigade, qui fut placée sous les ordres du général Gardanne.

Le 24 prairial (13 juin 1800), la division Gardanne, réduite à deux demi-brigades, la 44e et la 101e, préludait à la journée de Marengo en refoulant les avant-gardes autrichiennes jusque sous le canon d'Alexandrie.

Le lendemain, le général Victor confiait à cette division la défense du village de Marengo. La colonne autrichienne du général Haddick, protégée par le feu de 25 pièces de canon, aborda le village dès la pointe du jour. La 101e, ayant la 44e à sa droite, n'attendit point l'attaque, et ayant rejeté les avant-gardes ennemies dans le ruisseau de Fontanoue, vint se déployer en face des Autrichiens ; le général Haddick fut tué et ses troupes repoussées. La division Kaim renouvela l'attaque et eut le même sort.

Mais les troupes de Haddick, celles de Kaim, puis la colonne d'O'Reilly revinrent en masse sur la division Gardanne et celle de Chambarlac placée à sa droite. Elles ne gagnaient point de terrain, quand la colonne de grenadiers de Lattermann vint joindre ses efforts aux leurs. Marengo ne nous fut encore enlevé qu'incomplétement ; et quand la garde consulaire parut sur le champ de bataille, les soldats de la 101e, débordés de tous côtés, disputaient encore aux grenadiers autrichiens les dernières haies du village.

Lorsque, après tant d'efforts, le premier Consul fut contraint à la retraite et que la division Desaix vint lui porter un secours inespéré, les débris des divisions Gardanne et Chambarlac vinrent encore se placer à la gauche de la 9e légère et de la 59e, et à la fin de la journée ceux de la 101e et la 44e, rentrés dans Marengo, avaient rejeté les Autrichiens au-delà du Fontanoue.

La 101e continua après cette brillante campagne à faire partie de l'armée d'Italie, et vint tenir garnison à Brescia.

En 1804, elle reprit, comme toutes les autres, le nom de régiment, et devint 101e de ligne.

La 3e coalition vint interrompre le repos de nos soldats. Le 30 octobre 1805, le 101e régiment, qui n'avait point cessé de faire partie de la division Gardanne, soutint dignement sa réputation à l'attaque du camp retranché de Caldiero, sous les ordres de Masséna, et aussitôt après il marchait sur Naples, et, sous la conduite du général Reynier, prenait part aux brillantes opérations du siége de Gaëte ; le régiment arriva en trois colonnes, les 18 mai, 14 et 22 juin 1806. Il était alors commandé par le colonel Cardenean. Gaëte capitula le 18 juillet.

L'armée d'Italie resta inactive jusqu'en 1809 ; à cette époque, une partie du régiment prit part à la pénible campagne du Tyrol.

Deux ans après, le 101e quittait l'Italie pour l'Espagne ; incorporé dans l'armée du Portugal, il débutait le 27 septembre 1811, en avant de Ciudad-Rodrigo, par le brillant combat d'Aldéa-Puente, dont le résultat fut le ravitaillement de la place, malgré les efforts de l'armée anglaise.

Ciudad-Rodrigo fut perdu pourtant, ainsi que Badajoz, et l'armée de Portugal, commandée par le maréchal Marmont, contrainte à un mouvement rétrograde. Elle se reporta bientôt en avant. Le 22 juillet 1812 fut livrée la bataille des Arapiles (ou de Salamanque). Le 101e formait avec le 23e léger la 2e brigade de la division Thomières (7e de l'armée de Portugal). Cette division formait l'extrême gauche de l'armée. Se portant en avant dès le commencement de la bataille, elle avait à traverser une vaste plaine, en face d'une division anglaise, qu'appuyait une nombreuse cavalerie.

Malgré la vigueur de l'attaque, l'infanterie anglaise tint ferme ; le général Thomières fut tué, et sa division contrainte à se replier, chargée sur ses deux flancs par la cavalerie ennemie.

Le 101e fut l'un des régiments les plus éprouvés : le colonel Dherbez-Latour fut tué, et le régiment, qui comptait 61 officiers et 1,388 hommes, n'avait plus le soir que 29 officiers et 412 hommes.

De ces débris on forma un seul bataillon (le 1er), qui resta en Espagne ; le restant des cadres rentra en France pour reconstituer les 2e et 3e bataillons.

Ces bataillons, ainsi que le 4e, passèrent, aussitôt organisés, au 12e corps de la Grande-Armée, commandé par le duc de Reggio. Le 101e formait avec le 4e léger napolitain la 2e brigade de la division Pacthod.

Le 20 mai 1812, à Bautzen, le 12e corps formait la droite de l'armée. La division Pacthod franchit la première la Sprée, refoula l'infanterie russe de Miloradowitch et maintint le passage ouvert aux deux autres divisions du corps d'armée. Celles-ci une fois en ligne, la marche en avant fut reprise sur toute la ligne ; à 6 heures du soir, le 12e corps avait enlevé de vive force les hauteurs du Tronberg. Bautzen était conquis, et la première ligne de positions des coalisés en notre pouvoir.

Le lendemain 21, tout l'effort des Russes se porta sur la position du 12e corps qui, assailli par des forces doubles des siennes, fut secouru à propos par la division Gérard. A la fin de la journée, notre gauche victorieuse ayant contraint les coalisés à la retraite, le 12e corps, malgré ses pertes et la fatigue de deux jours de combat, reprenait toutes ses positions du matin et poursuivait les Russes bien au delà.

Le 15 août 1813, le 101e passa dans le 7e corps d'armée, commandé par le général baron Reynier. Ce corps se composait de la division française Durutte et des deux divisions saxonnes. Le 6 septembre, dans la fatale journée de Dennewitz, la division Durutte fit des prodiges et, seule du corps d'armée, se replia en bon ordre.

Les Saxons avaient préludé par la débandade à la défection qu'ils devaient commettre quelques jours après.

Le 7 octobre, le 101e prit part avec le 42e au petit combat de Soffenitz. Le 16 octobre, au bruit du canon de Leipzig, le 7e corps marcha toute la journée; arrivé le lendemain 17 et conduit par le maréchal Ney, il fut placé à Sellerhausen en face des Prussiens et des Suédois commandés par Bernadotte. Lorsque Ney voulut faire emporter par les Saxons le village de Paunsdorf, ceux-ci, non contents de passer à l'ennemi, tournèrent leurs feux contre la division Durutte (dont faisait partie le 101e). Pendant plus d'une heure, 5,000 Français luttèrent contre 20,000 Saxons et Prussiens. La division Delmas, conduite par Ney lui-même, vint à leur secours. On tint entre Sellerhausen et Paunsdorf jusqu'à ce que la cavalerie de la garde fût venue boucher la trouée ouverte par la trahison. Le lendemain, les soldats de Durutte se battaient encore à l'arrière-garde contre les Prussiens de Bulow, dans les faubourgs de Leipzig, quand le pont de l'Elster sauta. Il n'y eut que des débris de cette division qui parvinrent à s'échapper.

De ceux du 101e on reforma deux petits bataillons qui furent placés dans le 4e corps (général Bertrand) ; et le 31 octobre, à Hanau, ils vengeaient Leipzig en aidant la vieille garde à jeter les Bavarois dans la Kintzig.

Dans cette même année 1813, le 6e bataillon du 101e, formé à Gênes, faisait partie de la 29e demi-brigade provisoire. Le 19 novembre, cette demi-brigade, appuyée par un bataillon du 1er régiment étranger et conduite par le général Marcognet, culbutait les Autrichiens au combat de San-Martin. Le commandant Flocard, du 101e, fut blessé dans ce combat, et cité à l'ordre de l'armée. Le 3 décembre, le bataillon prenait part à un nouveau combat entre Fratta et Rovigo.

La terrible année 1814 revit encore les soldats du 101e combattant sur toutes nos frontières. A Bar-sur-Aube, le 27 février, quelques compagnies des 101e et 105e de ligne, sous le général Monfort, assurent à la cavalerie de Kellermann le passage du pont de Dolencourt, en se précipitant sur les batteries ennemies.

Le 6e bataillon combattait toujours aux Alpes, et aux Pyrénées le 1er bataillon, revenant d'Espagne, prenait part à plusieurs combats devant Bayonne.

Après l'abdication de l'Empereur, l'armée française ne compta plus que 90 régiments d'infanterie de ligne.

Il ne resta plus du 101e qu'un glorieux souvenir.

Pendant la guerre de Crimée, un régiment, portant le n° 101, fut constitué par décision du 2 avril 1855. Il se forma à Lyon. La cessation des hostilités causa des réductions dans l'armée, et le 101e fut dissous au mois de mai 1856.

La campagne d'Italie nécessita de nouvelles organisations ; par décret du 2 mai 1859, l'infanterie fut augmentée de deux régiments, qui prirent les nos 101 et 102.

Le 101e fut formé à Lyon au moyen de compagnies fournies par les autres régiments, suivant décision ministérielle du 5 mai.

Les 1er, 3e, 4e, 9e, 12e, 19e, 20e, 22e, 24e, 27e, 28e, 29e, 38e, 48e, 50e, 51e, 54e, 58e, 60e, 68e, 69e, 81e, 87e, 89e et 92e régiments fournirent chacun un cadre de compagnie complet, 10 grenadiers, 10 voltigeurs et 80 fusiliers.

Le colonel Pouget prit le commandement du régiment, qui fut constitué le 14 juin 1859 au camp de Sathonay. Trois jours après, le dépôt fut dirigé sur le camp de la Juchère. Le 8 juillet, les bataillons de guerre vinrent à Lyon, et occupèrent les forts de la rive droite de la Saône et le quartier Perrache.

Le 16 novembre, le régiment retourna au camp de Sathonay pour s'organiser pour l'expédition de Chine. Il dut former 2 bataillons à 6 compagnies. L'effectif de chaque bataillon fut fixé d'abord à 800 hommes, peu après à 750 seulement. Chaque compagnie devait avoir, outre son cadre réglementaire, 1 lieutenant ou sous-lieutenant, 2 sergents et 4 caporaux. Ce supplément de cadre devait être pris dans les compagnies restant en France.

Le colonel Pouget commandait le régiment. Les autres officiers supérieurs étaient : le lieutenant-colonel Olivier, les chefs de bataillon Despeisse de la Plane et Blot.

La 1re colonne, composée des grenadiers, 1re, 2e, 3e et une section de la 4e du 1er, quitta Lyon le 25 novembre, après avoir été passée en revue par le maréchal Castellane. Elle arriva à Toulon le 26, à 9 heures du matin.

La 2e colonne, commandée par le colonel et comprenant le reste du régiment, partit de Lyon le 29, et arriva le 30 à Toulon.

La 1re colonne s'embarqua le 2 décembre sur le transport *le Calvados*, qui mit à la voile le 7 au matin. La section de la 4e du 1er n'avait point pris place sur ce navire ; elle partit le 10 à bord du *Duperré*.

La 2e colonne fut embarquée le 3 décembre, sur le transport mixte *l'Entreprenante*, qui prit la mer le 8.

Le *Calvados* arriva au cap Vert le 28 décembre, repartit le 31 et vint le 7 février relâcher au cap de Bonne-Espérance. Il reprit la mer le 22 ; arrivé à Batavia le 10 avril, il quitta ce port le 16, fit relâche à Hong-Kong du 2 au 11 mai, et le 19 trouva à Wosimy l'*Entreprenante* qui l'y avait précédé. Ce dernier navire avait relâché au Cap du 21 janvier au 25 février, à Singapour du 26 mars au 4 avril, à Hong-Kong du 17 au 24 avril, et était parvenu le 30 avril à Wosimy.

Le 1er juin, les deux navires reprirent la mer et vinrent mouiller le 6 à Tche-Tour. On débarqua le 8; le 10, on fut rejoint par le détachement embarqué sur le *Duperré*.

Le 24 juillet, on se rembarqua, l'état-major et le demi-bataillon de droite du 1er bataillon à bord de l'*Entreprenante*, le restant du régiment à bord de la *Némésis*. On mit à la voile le 26; le lendemain, on rejoignit l'escadre anglaise, et le 28 toute l'expédition mouillait à 10 milles environ de la côte chinoise.

Le 1er août, à 7 heures du matin, les grenadiers, 1re et 2e du 1er, sous les ordres directs du colonel, prirent place dans une jonque et deux chaloupes. On appareilla à midi; à 4 heures, le colonel descendit à terre avec la 1re compagnie; les grenadiers et la 2e compagnie débarquèrent une heure après. On campa à 6 kilomètres de Peh-Tang.

Le 2 août, on rejoignit le 2e bataillon de chasseurs, qui avait débarqué sur un autre point, et l'on entra à Peh-Tang sans résistance.

Le 3, à midi, le lieutenant-colonel débarqua avec le reste du 1er bataillon, les grenadiers et la 1re du 2e. Le 5, il fut suivi par le restant du régiment.

Le 10, 400 hommes choisis firent partie d'une reconnaissance dirigée vers un camp retranché, en avant de Peh-Tang; la colonne rentra à 9 heures du soir, sans avoir rencontré l'ennemi.

Le 12 eut lieu le mouvement général. La colonne se mit en marche dès la pointe du jour, le bataillon de chasseurs en tête, suivi par le 101e; la marche fut des plus pénibles ; on fit le café à une heure 1/2 à Sing-ho. On repartit à 3 heures. La colonne s'arrêta devant le camp retranché de Tang-Kou, et revint le soir même camper à Sing-ho.

La journée du 13 fut employée à reconnaître les positions des Tartares. La 1re du 1er, déployée en tirailleurs, s'approcha jusqu'à 1,000 mètres des retranchements, qui ouvrirent sur elle un feu d'artillerie inoffensif.

Le 14, on se mit en route à 6 heures du matin. Au bout d'une heure de marche on déploya par bataillon en masse, à demi-intervalles de déploiement ; la 1re brigade, dont faisait partie le 101e, au centre, la 2e brigade à gauche, les troupes anglaises à droite. Au bout d'une heure de canonnade, tout le monde se porta en avant, et vint faire le café dans les retranchements que les Tartares avaient abandonnés dès qu'ils avaient vu l'attaque de l'infanterie. On rentra le jour même à Sing-ho.

Les journées des 16, 17, 18 août furent consacrées au ravitaillement. Le 19 août, le 1er bataillon et l'état-major du régiment furent sur la rive droite du Peï-ho se joindre au 2e bataillon de chasseurs.

Le 20, une reconnaissance offensive fut dirigée contre les Tartares. 4 compagnies du 1er bataillon y prirent part, avec le bataillon de chasseurs.

Le 25, le 2e bataillon, sous les ordres du lieutenant-colonel, embarqua pour Tien-Sin, sur l'*Avalanche* et la *Fusée*. Le commandant Blot, avec le demi-bataillon de droite, occupa le 27, à 4 heures du soir, le fort de

Tien-Hou; le demi-bataillon de gauche, avec le lieutenant-colonel, avait été retardé en route; il ne débarqua que le 29. Ce même jour, le 1er bataillon, revenu à Sing-ho, se mettait en route, par la voie de terre, dans la direction de Tien-Sing. Le 30, toute l'armée campait à Lant-Chang. Le 31, elle arrivait à Tien-Kon, point occupé dès le 27 par le 2e bataillon du 101e.

Le 9 septembre, l'armée traversa Tien-Sing. La marche fut continuée le 10, mais retardée le lendemain par les pluies. Le 12, on vint camper à Yang-Tsoum, le 13 à Nang-Tai-Twang, et le 14 à Ho-Se-Wo.

Le 17 septembre fut formé un détachement de 80 hommes d'élite (20 par compagnie), lesquels, sous les ordres du colonel, furent chargés d'escorter l'ambassadeur de France, baron Gros, qui se rendait à Pékin pour traiter des conditions de paix.

Mais le 18 une vive canonnade fut entendue dans la direction suivie par la colonne, dont faisait partie le détachement du 101e. Dans la nuit l'ordre arriva de se porter en avant. Voici ce qui s'était passé :

La colonne avait bivouaqué à Ma-Tou et, le 18, avait rencontré un corps d'environ 15,000 Tartares; le général en chef n'avait point hésité à les attaquer.

Le détachement d'élite du 101e, celui du 102e et une compagnie du génie furent mis sous les ordres du colonel Pouget (du 101e). L'attaque commença à 10 heures 1/2 du matin. La colonne Pouget, détachant les soldats du 101e en tirailleurs, marcha sur le village de Yat-Sou, qui fut brillamment enlevé. Le colonel continua son mouvement, et, sans s'arrêter, enleva le village de Li-Ousson, que tournaient en même temps nos détachements de cavalerie. On enleva 18 drapeaux, 2 canons et 2 espingoles; dans la poursuite, 2 autres canons furent pris par les grenadiers et voltigeurs du 101e. A 3 heures de l'après-midi, les colonnes campèrent à Loat-Sim, et le général en chef faisait paraître l'ordre suivant :

ORDRE

L'armée tartare tout entière, retranchée dans une position défendue par un grand nombre de pièces de canon, a voulu s'opposer au passage d'une colonne franco-anglaise qui se rendait à Pékin.

Ces hordes, amenées au combat par des chefs perfides, ont été dispersées en quelques heures.

L'histoire dira que 2,000 Européens ont triomphé par leur courage d'une armée défendant sa capitale avec des forces qui leur étaient dix fois supérieures en nombre.

Le corps expéditionnaire apprendra avec joie cet immense succès.

Le général commandant en chef cite à l'ordre de l'armée les noms des chefs de service qui ont pris part à ce combat, en les faisant suivre de ceux des officiers dont la bravoure a été au-dessus de tout éloge.

101e régiment.

POUGET, colonel;
BLOT, chef de bataillon;
LIAN, capitaine;
GRANIER, capitaine;
ALLEMAND, sergent;
PIERRE, grenadier (blessé grièvement);
JATZENMAYER, voltigeur;

Le 19 septembre, tout le régiment (moins le détachement d'élite) quittait Ho-Si-Wo, sous la conduite du lieutenant-colonel, et, après une marche des plus pénibles, rejoignait la colonne du général en chef à Loat-San.

Le 21 septembre, l'armée tout entière se portait sur Pékin; le 101e fournissait toutefois quelques détachements, savoir :

1er bataillon, 1re compagnie, capitaine Rey, escorte de l'ambassade.

1er bataillon, 3e compagnie (une section), aux jonques.

2e bataillon, 1re compagnie, aux bagages.

2e bataillon, 4e compagnie (une section), au troupeau.

A 2 kilomètres de Palikao, on apercevait les vedettes tartares, et le général en chef ordonnait ses dispositions de combat.

Sur son ordre, le régiment serre en colonne par section à demi-distance, couvrant sa droite par des tirailleurs. Le 1er bataillon est flanqué par une section de la 3e compagnie (capitaine Julien); le 2e bataillon, par une section de la 4e compagnie (lieutenant Prudhomme).

La cavalerie tartare chargeant en effet le flanc droit, les tirailleurs sont renforcés par les grenadiers du 1er et les voltigeurs du 2e. Tout le régiment fait face à droite, se porte en avant par échelons et vient garnir le bord du canal. Une colonne, composée de 2 compagnies de grenadiers (capitaines Bassery et Martin), de la 1re du 1er (capitaine de Monsets), d'une section de voltigeurs du 1er (lieutenant Puig), enfin de la section de tirailleurs de la 4e du 2e (lieutenant Prudhomme), attaque le pont de Palikao. La colonne du général Collineau la suit, et se porte ensuite à l'attaque du village, suivie par la 1re du 1er seulement.

Le lendemain le général en chef faisait paraître l'ordre suivant :

Soldats du corps expéditionnaire,

La journée du 21 août nous avait ouvert l'entrée du Peï-Ho; celle du 21 septembre nous amène à 3 lieues de Pékin, et au milieu du camp des Tartares.

Ces immenses succès ne sont dus qu'au dévouement de vos chefs et à votre courage.

Les masses ennemies qui se sont précipitées sur vous pendant ces divers jours ne vous ont pas un instant ébranlés. Vous avez peut-être encore de nouvelles épreuves à traverser, mais vous triompherez de tous les périls, car vous êtes braves et disciplinés dans les combats.

Je suis heureux de pouvoir mettre à l'ordre de l'armée les noms de ceux qui se sont distingués dans cette journée :

101e régiment.

Le colonel POUGET, dont le général en chef a remarqué le sang-froid et la vigueur, au moment le plus menaçant de la charge des cavaliers tartares sur notre droite ;

Le lieutenant-colonel OLIVIER, qui a secondé puissamment le colonel Pouget ;

Le commandant BLOT ;

Les capitaines SUISSE et LIAN ;

Le capitaine BUSSERY, qui, bien que remplissant les fonctions de sous-intendant, a voulu commander sa compagnie au feu ;

Le lieutenant BOURCART, officier d'ordonnance du général Collineau ;

Les capitaines DE MONCETS, JULIEN, MARTIN, REBOUL ;

Les lieutenants SÉGUARD, AVIZARD et PUIG ;

Les sous-lieutenants DE SAINT-MARTIN, PORTENSEIGNE, GÉMIEUX et BILLON ;

M. le docteur MUTEL ;

L'adjudant CHEVILLON, les sergents-majors BOCH, GAUCH, CARROIN ;

Les sergents JOURDAN, LAMBIN, CLARÈRE et SOUVERVIE ;

Les caporaux JEANNET et PÉLISSIER ;

Les grenadiers CHAUFFES, ESTAGNES, BASTIEN, MICHEL, CHAUME ;

Les voltigeurs COUSIMANT, ARMAND, NANDON ;

Les fusiliers ALLAIN, VIAS, PERRÉ, SANTELLI, POULARD, PEYRE et BOLNIX.

Les pertes de la journée ne s'élevaient qu'à 2 tués et 8 blessés.

Le 22, les 4e du 1er et 4e du 2e furent envoyées en reconnaissance sur la route de Pékin ; elles rentrèrent sans avoir pu apercevoir l'ennemi.

Le 23, la 1re du 1er fut chargée d'escorter un convoi dirigé sur Tsin-Sin ; elle rejoignit le régiment le 12 octobre.

Le 26, un détachement, sous le commandant Blot, fit partie d'une reconnaissance commandée par un officier supérieur d'état-major. Cette reconnaissance arriva jusque sous les murs de Pékin.

Le 5 octobre, la colonne quitta Palikao pour marcher sur la capitale de l'empire chinois. On campa à la Briqueterie à 11 heures 1/2. Le 6, à midi, on arriva au camp retranché que les Tartares avaient renoncé à défendre ; à 6 heures 1/2, on campa, le régiment faisant face à l'entrée du palais d'été (Hien-Ming-Wen).

Le 9, une colonne, dont faisait partie le 101e, se dirigea vers le sud-ouest, et revint camper à 4 kilomètres de Pékin. La tranchée fut ouverte le lendemain; le 1er bataillon et 2 compagnies du 2e y montèrent la garde. Le 13, à midi, une porte de la ville était ouverte. Une heure après, le colonel entrait dans Pékin, à la tête du 2e bataillon.

Le 14, le 1er bataillon se cantonna dans un village tartare, où il fut rejoint par l'état-major du régiment; le 2e bataillon restant dans la ville.

Le 25, le colonel, à la tête du 1er bataillon, escorta l'ambassadeur de France, qui entrait dans Pékin, pour y signer le traité de paix. L'armée tout entière fit son entrée le 28; le 31, le 1er bataillon retourna à son ancien camp, et le 2e fut chargé de la garde de l'ambassade.

Le 1er novembre, l'état-major du 101e et le 1er bataillon partirent pour Tim-Sin, où ils arrivèrent le 6. Le 9, le 2e bataillon, escortant l'ambassadeur, vint à Tang-Chaou, et de là à Tien-Sin, où il occupa le 15 les casernements laissés libres par la 1re brigade. Celui-ci avait quitté Tim-Sin le 13, sur des jonques, et s'était embarqué le 15 sur l'*Entreprenante*, en rade de Ta-Kou. Le 4 décembre, *l'Entreprenante* prit la mer et arriva le 9 à Sang-Haï.

Au 1er janvier 1861, le 1er bataillon et l'état-major étaient à Sang-Haï, le 2e bataillon à Tien-Sin.

Les grenadiers et la 1re du 1er, partis de Sang-Haï le 9 mai 1861, sur le transport *le Japon*, relâchèrent 8 jours à Saïgon, 4 à Singapour, 3 à Ceylan, 2 à Aden, et arrivèrent à Suez le 15 juillet. Le 16, ayant traversé l'isthme en chemin de fer, ces compagnies rembarquèrent sur l'*Eldorado*, qui les débarqua à Marseille, le 25 du même mois.

Les 4 autres compagnies du même bataillon partirent de Sang-Haï le 9 juin, à bord du *Calvados*, touchèrent à Hong-Kong, Saïgon, Singapour, Aden, Suez, et débarquèrent à Toulon le 20 septembre.

Le 2e bataillon avait embarqué à Tien-Sin le 31 mars, sur le transport *la Nièvre*, pour prendre part aux opérations en Cochinchine. Il débarqua le 21 avril à Saïgon.

Le 13 juillet, la 2e du 2e (lieutenant Bellanger) fut envoyée dans le sud et fut suivie, le 31 juillet, par la 3e compagnie. Ces compagnies opérèrent, sous les ordres du capitaine de frégate Lebris, dans la province de Ki-Hoa; la 3e occupa un poste de surveillance jusqu'au 4 novembre, et rentra à Saïgon le 29.

La 4e compagnie, partie de Saïgon le 13 août, à bord du *Duchayla*, pour aller relever la 2e compagnie dans le Waï-Co, rentra, après quelques opérations contre les pirates, en même temps que la 3e.

Le 18 novembre, une colonne, composée de 300 Espagnols, 3 compagnies du 101e (grenadiers, voltigeurs et 1re), 200 hommes d'infanterie de marine, une batterie de 4, une section de 12, une section du génie, embarqua pour Bien-Hoa, qu'elle occupa sans résistance, en suivant la rive gauche du fleuve; les défenses avaient été enlevées par une autre colonne, dirigée sur la rive droite. Le 29 décembre, on rentra à Saïgon.

Du 3 au 10 janvier, le bataillon occupa le camp des fusiliers marins, partis pour Barria. La 3e compagnie et les voltigeurs rejoignirent le 26 cette colonne. Le 19, ces compagnies prirent part à l'attaque du camp des Annamites, qui fut brillamment enlevé.

Ce fut le dernier combat du 101e. Le 6 février, les 1re et 2e compagnies s'embarquèrent sur l'*Entreprenante*, et le 10, le reste du bataillon sur le transport *le Rhin.*

En arrivant en France, on apprit que le régiment était dissous : il avait existé à peine deux années, et, dans ce court espace de temps, les soldats du 101e avaient porté au fond de l'Asie le numéro illustré par leurs pères sur les champs de bataille de Loano, de Mœsskirch, de Marengo, de Salamanque, de Bautzen et de Leipzig.

NOMS DES OFFICIERS, SOUS-OFFICIERS ET SOLDATS CITÉS A L'ORDRE DE L'ARMÉE DANS LA CAMPAGNE DE CHINE

Colonel .... M. POUGET.
Lieutenant-colonel. M. OLIVIER.
Chef de bataillon. M. BLOT.
Capitaines .... MM. LIAN ;
GRANIER ;
SUISSE ;
BUSSERY ;
DE MONCETS ;
JULIEN ;
MARTIN ;
REBOUL.

Lieutenants.... MM. Ségnard ;
Avizard ;
Puig ;
Bourcart.

Sous-lieutenants. MM. de Saint-Marc ;
Portenseigne ;
Gémieux ;
Billon.

Médecin-major... M. Mutel.

Adjudant........ M. Chevillon.

Sergents-majors. MM. Boch ;
Gauch ;
Carroin.

Sergents....... MM. Allemand ;
Jourdan ;
Lambin ;
Clavire ;
Sonverose.

Caporaux...... MM. Jeannot ;
Pélissier.

Grenadiers.... MM. Pierre ;
Chauffes ;
Estagnes ;
Bastien ;
Michel ;
Chaume.

Voltigeurs...... MM. Jatzenmayer ;
Cousinant ;
Armand ;
Nandon.

Fusiliers....... MM. Allain ;
Vias ;
Perré ;
Santelli ;
Poulard ;
Peyr ;
Bolnik.

Le jour où le 1er régiment provisoire a été appelé à porter ce numéro à son tour, ses soldats, à peine de retour des prisons d'Allemagne, avaient su montrer en face des ennemis de l'intérieur qu'ils ne laisseraient jamais déchoir la haute renommée du 101e régiment.

Arrêté du Gouvernement prescrivant la formation de régiments provisoires avec les officiers et soldats rentrant de captivité.

MINISTÈRE DE LA GUERRE — 2e DIRECTION — BUREAU DE L'INFANTERIE

Versailles, le 27 mars 1871.

Général,

Les dispositions suivantes ont été arrêtées par le gouvernement en ce qui concerne les prisonniers (officiers et troupe) venant d'Allemagne.

Lorsque les militaires de tout grade de l'armée de l'infanterie rentrant de captivité seront arrivés au lieu de rassemblement qui leur aura été assigné, vous grouperez, dans la partie confiée à votre commandement, les hommes d'un même régiment, et vous en formerez des compagnies.

Si leur nombre permet de créer 6 compagnies, ces compagnies composeront un bataillon ; mais si les éléments d'un même corps ne peuvent pas arriver à constituer un bataillon entier, vous leur adjoindrez des compagnies d'un autre régiment.

Quand 3 bataillons formant un ensemble de 18 compagnies auront été créés, ils constitueront un régiment d'infanterie provisoire, auquel j'assignerai un numéro aussitôt que vous m'aurez informé par télégramme de sa complète constitution.

Les officiers de ce corps seront pris autant que possible, pour chaque compagnie, bataillon ou régiment, parmi les officiers appartenant aux mêmes régiments que les sous-officiers et soldats constituant ces divers éléments.

Chaque régiment provisoire d'infanterie aura :

1 colonel ;

1 lieutenant-colonel ;

3 capitaines adjudants-majors ;

1 officier payeur, capitaine ou lieutenant ;

1 médecin par bataillon.

Les compagnies seront à l'effectif de 125 au moins et de 140 au plus.

Dans ce nombre seront compris :

1 sergent-major ;

1 fourrier ;

4 sergents ;

8 caporaux ;

1 tambour et 1 clairon.

Il y aura par bataillon 1 adjudant.

Veuillez procéder avec autant de soin que de rapidité à l'organisation des régiments dont il s'agit.

Vous ferez constater la formation de ces corps par un procès-verbal de la sous-intendance militaire, que vous m'adresserez sans retard (2e direction — bureau de l'infanterie).

Ces régiments recevront dès leur arrivée l'habillement, le grand et le petit équipement, tous les objets de campement comme pour une entrée en campagne, la demi-couverture, par conséquent, et l'armement avec les 90 cartouches.

Je pense que cette organisation ne doit pas demander plus de six à huit jours au maximum.

Les régiments doivent être prêts à partir au premier ordre.

Recevez, général, l'assurance de ma considération la plus distinguée.

Le ministre de la guerre,

Signé : LE FLO.

L'an mil huit cent soixante et onze, le huit avril,

Vu l'instruction ministérielle du 27 mars 1871, prescrivant l'organisation du régiment d'infanterie provisoire par la réunion des militaires rentrant des prisons de l'ennemi,

Le général de division chargé de l'organisation desdits régiments a fait réunir les officiers devant composer les cadres du 1er régiment provisoire.

Conformément à l'instruction ministérielle du 27 mars 1871, le 1er régiment provisoire comprend :

1° État-major. — 1 colonel : M. DE LA HAYRIE, du régiment des zouaves de l'ex-garde impériale.

1 lieutenant-colonel : M. BERNIER, du 34e de ligne.

3 chefs de bataillon : MM. SAINT-MARC, du 3e régiment de zouaves; DE LA COURNEUVE, du 3e grenadiers ; PONCELET, du 81e de ligne.

3 capitaines adjudants-majors : MM. MERMET, du 1er régiment de grenadiers ; GIRARDEL, du 97e de ligne ; HERBINGER, du 95e de ligne.

1 officier payeur : M. HIVERT, lieutenant du 7e de ligne.

3 médecins : MM. ROPERT, ROUX, SAUZÈDE.

2° 18 compagnies réparties en 3 bataillons.

Les 18 compagnies sont réparties ainsi qu'il suit, conformément aux dispositions relatives au classement des capitaines d'infanterie :

1er bataillon

1re compagnie : MM. YVER, du 4e régiment de voltigeurs ;
2e — LIMAUX, du 3e régiment de grenadiers ;
3e — DIS, du 86e de ligne ;
4e — GUNTZ, du 85e de ligne ;
5e — BOYER, du 7e de ligne ;
6e — MOINOT, du 63e de ligne.

2e bataillon

1re compagnie : MM. DE LA CHAUSSÉE, du 62e de ligne ;
2e — SOUVILLE, du 54e de ligne ;
3e — CAILLEMER, du 1er régiment de voltigeurs ;
4e — RAISSAC, du 1er régiment de voltigeurs ;
5e — HONTARRÈDE, du 85e de ligne ;
6e — GIRARD, du 1er régiment de voltigeurs.

3e bataillon

1re compagnie : MM. DE BREYNE, des zouaves de la garde ;
2e — PERRET, du 81e de ligne ;
3e — ZENTGRAFF, du 1er régiment de grenadiers ;
4e — GUILLEMAN, du 81e de ligne ;
5e — ABADIE, du 96e de ligne ;
6e — MOLINIER, du 54e de ligne.

Les 18 lieutenants sont répartis ainsi qu'il suit :

1er bataillon

1re compagnie : MM. DENISE, du 84e de ligne ;
2e — DE BLARER, du 62e de ligne ;
3e — ROLLAND, du 86e de ligne ;
4e — WALDÉJO, du 85e de ligne ;
5e — ROBERT, du 85e de ligne ;
6e — MARCHANT, du 1er régiment de voltigeurs.

2e bataillon

1re compagnie : MM. LAVERGNE, du 95e de ligne ;
2e — LEBLANC, du 3e régiment de voltigeurs ;
3e — CÉRAGIOLI, des zouaves de la garde ;
4e — PETIT-MAIRE, du 97e de ligne ;
5e — PERRIN, du 62e de ligne ;
6e — CHADABERT, du 1er voltigeurs.

3e bataillon

1re compagnie : MM. HÉMENT, du 3e voltigeurs ;
2e — HOTZ, du 97e de ligne ;
3e — JARLOT, du 1er grenadiers ;
4e — WEHE, du 81e de ligne ;
5e — VINCENT, du 1er voltigeurs ;
6e — BAUËR, du 3e grenadiers.

Les 18 sous-lieutenants sont répartis ainsi qu'il suit :

1er bataillon

1re compagnie : MM. Petit, du 1er régiment de grenadiers ;
2e — Jarsallé, du 97e de ligne ;
3e — Gabrielli, du 2e voltigeurs ;
4e — Boutteville, du 85e de ligne ;
5e — Vallier, du 85e de ligne ;
6e — Lelorrain, du 95e de ligne.

2e bataillon

1re compagnie : MM. Tissier, du 85e de ligne ;
2e — Battaglini, du 95e de ligne ;
3e — Galland, du 95e de ligne ;
4e — Jochem, du 84e de ligne ;
5e — Voillard, du 2e voltigeurs ;
6e — Durand, du 88e de ligne.

3e bataillon

1re compagnie : MM. Clementi, du 84e de ligne ;
2e — Cazenave, du 81e de ligne ;
3e — Dupuy, du 84e de ligne ;
4e — Saunier, du 81e de ligne ;
5e — Gillard, des zouaves de la garde ;
6e — Bauger, des zouaves de la garde.

Troupe

L'effectif de la troupe, constaté le 17 avril, a été de :

	1re classe.	2e classe.	Effectif.
Adjudants sous-officiers..........	3	»	3
Sergents-majors................	2	16	18
Sergents......................	27	45	72
Fourriers......................	2	16	18
Caporaux-fourriers.............	»	»	»
Caporaux......................	38	106	144
A reporter.........	72	183	255

	1re classe.	2e classe.	Effectif.
Report............	72	183	255
Soldats.........................	345	1122	1467
Tambours et clairons............	18	23	41
Petit état-major.................	»	16	16
Totaux....	435	1344	1779

Le régiment définitivement constitué avec les éléments mentionnés ci-dessus, M. le colonel de la Hayrie a adressé à la troupe l'ordre suivant :

ORDRE DU RÉGIMENT

Sous-officiers, caporaux et soldats, vous allez former le 1er régiment provisoire. Pendant que vous subissiez les rigueurs de l'exil et de la captivité, des misérables ont surpris un instant la France désarmée et ont ajouté le fléau de la guerre civile à tous nos malheurs !

D'accord avec l'étranger, ils veulent plonger notre chère patrie dans l'abîme.

Dans les circonstances suprêmes où nous nous trouvons, il est de toute nécessité que les gens de cœur mettent leur bras au service du gouvernement.

On va donc vous donner des habits, des équipements et des armes, et vous demander un effort pour sauver le pays ; cinq corps d'armée, formés sur différents points du territoire avec les soldats qui reviennent d'Allemagne, vont aller se joindre à l'armée de Versailles pour écraser à Paris ceux qui n'ont pas craint de renverser le drapeau tricolore, pour leur substituer le drapeau rouge qui est celui du sang et de l'assassinat.

Vous aviez besoin de repos ; déjà depuis longtemps, beaucoup d'entre vous seraient rendus à leurs foyers, sans les mauvais citoyens qui se sont insurgés dans la capitale ; on eût déjà aussi commencé à se réorganiser, à guérir, dans la paix, les blessures de la patrie ; les droits de chacun de vous auraient été satisfaits ; vos médailles, vos pensions, vos primes de rengagement auraient été réglées en temps utile.

Pour cela, il faut l'ordre ; c'est par votre courage que nous l'obtiendrons.

Vous serez impitoyables envers les insurgés ainsi qu'envers les traîtres, qui ont eu l'infamie de quitter les rangs pour tirer sur l'armée.

Vous êtes commandés par des généraux et des officiers qui, tous sans exception, viennent de partager avec vous les douleurs de la captivité et qui, au premier cri d'alarme, se sont empressés de mettre leur épée au service du gouvernement.

Rappelez-vous que la discipline fait la force des armées ; obéissez sans arrière-pensée aux ordres de vos chefs, et bientôt la patrie sera sauvée et vous aurez acquis de nouveaux titres à la reconnaissance du pays.

Cambrai, le 10 avril 1871.

Le colonel,

Signé : DE LA HAYRIE.

x

Le 18 avril 1871, le régiment reçoit ordre de venir prendre, à Versailles, sa place dans l'armée de Paris, commandée par le maréchal de Mac-Mahon.

Il quitte Cambrai le 18 avril, en deux colonnes, par les voies ferrées, et arrive le 19 au camp de Satory. Il fait partie du 5e corps, général Clinchant; 1re division, général Duplessis ; 1re brigade, général de Courcy.

Par arrêté du chef du pouvoir exécutif, en date du 26 avril, les récompenses ci-après ont été accordées au régiment, pour services rendus pendant la dernière guerre, savoir :

1° La croix d'officier de la Légion d'honneur à M. le capitaine de la Chaussée;

2° La croix de chevalier à M. le lieutenant-trésorier Hivert ;

3° La médaille militaire aux nommés :

Cantet, sergent-major ;

Puysségur, sergent;

Rolland, sergent;

Gross, caporal ;

Saint-Dizier, soldat;

Launay, soldat.

Le 2 mai, le régiment quitte le camp de Satory pour aller, avec tout le corps d'armée, concourir aux travaux du siége de Paris (forts de la rive gauche).

Il arrive au bivouac de Bel-Air, près Bièvre, le même jour.

Du 2 au 10 mai, il prend part aux travaux ou attaques qui ont pour objectif la chute du fort d'Issy, sur une ligne s'étendant de Bagneux à Clamart.

Le 11 mai, le 5e corps d'armée quitte les attaques de la rive gauche et va renforcer, au camp du bois de Boulogne, les attaques de droite, dirigées par le général de Ladmirault, commandant le 1er corps. Il prend part à toutes les opérations qui ont pour but la prise de Paris, jusqu'au 22 au matin.

Le 22 mai, à 5 heures du matin, le régiment entre dans Paris par la porte de Passy, moins la 2e section de la 6e compagnie du 3e bataillon, qui reste de garde à la poudrière de la cascade du bois de Boulogne. Cette section est commandée par M. Bauër, lieutenant.

Le régiment, formé en colonne par demi-section, suit les remparts jusqu'à la porte Dauphine, entre dans l'avenue de l'Impératrice et s'arrête au pied de l'arc de triomphe de l'Étoile, en attendant le reste de la 1re brigade. Lorsque celle-ci est arrivée tout entière, les 5e et 6e compagnies du 2e bataillon, sous les ordres du capitaine Girard, descendent l'avenue de la Grande-Armée et s'emparent des barricades de la porte Maillot et des ouvrages avancés, malgré la résistance d'un millier d'insurgés (zouaves de la commune), qui sont refoulés jusque dans Neuilly.

Le drapeau rouge est enlevé du sommet de la barricade, et le noble étendard aux trois couleurs y est planté d'une main ferme, au milieu d'une grêle de balles, par le sous-lieutenant Durand. Le même officier coupait lui-même, vers 7 heures, à la porte de Villiers, les fils télégraphiques reliant le centre de Paris à Neuilly. 71 pièces de tout calibre, canons et mitrailleuses, 200 fusils et un matériel considérable restent entre nos mains.

Le commandant de la Courneuve soutenait avec 2 compagnies de son bataillon (4e et 5e) les opérations des 2 compagnies de gauche.

Pendant ce temps, le 1er bataillon, suivi des 2 premières compagnies du 2e bataillon, recevait l'ordre de fouiller avec soin toute la portion du 17e arrondissement comprise entre l'avenue de la Grande-Armée, les fortifications et l'avenue de Wagram, ayant pour objectif les défenses formidables établies par les insurgés place Péreire, portes Bineau, de la Révolte, Courcelles et d'Asnières et le parc Wagram.

Le 3e bataillon (commandant Poncelet), suivant l'avenue de Wagram, puis le boulevard de Courcelles jusqu'au parc Monceau, appuyait ainsi le mouvement général du régiment.

Etant arrivé au point d'intersection de l'avenue d'Esling avec la route des Ternes et de la rue de Villiers, le colonel, sachant que les portes des Ternes et de Villiers étaient occupées par les compagnies de gauche du 2e bataillon, jeta une section sur la droite dans la direction de la place Pereire, sous les ordres du lieutenant de Blarer de la 2e compagnie du 1er bataillon, par la rue Demours, ainsi qu'une compagnie (la 6e du 1er) sous les ordres du capitaine Moinot, se dirigeant sur le même point par la rue Louvain, le reste de la colonne marchant sur la porte Bineau par la rue Bayen.

Au point de rencontre du boulevard intérieur et de la rue Bayen, un feu terrible de mousqueterie, partant du poste-caserne du bastion 49 et des ouvrages en terre de la porte Bineau, accueillit la tête de la colonne.

A la sonnerie de la charge, le 1er bataillon (commandant de Bainville) s'élança sur les ouvrages ennemis, pendant que la 1re compagnie du 2e bataillon (capitaine de la Chaussée) enlevait de vive force le poste-caserne du bastion 49.

L'élan du 1er bataillon fut irrésistible : officiers, sous-officiers et soldats rivalisèrent d'ardeur, et en quelques minutes la porte Bineau avec toutes ses défenses était entre nos mains ; les cadavres des insurgés couvraient le terrain, de nombreux prisonniers étaient faits, et l'ennemi éperdu fuyait à toutes jambes, cherchant un refuge dans le village de Levallois, vivement accompagné par un feu à volonté dirigé par les hommes du 1er bataillon qui, instinctivement, avaient gravi le rempart et couronné les parapets.

En même temps, les formidables défenses de la place Pereire tournées par la droite et par la gauche, en même temps qu'abordées de front résolûment par la 2e et la 6e du 1er, tombaient entre nos mains. La prise de cette importante position amena celle du parc d'artillerie de Courcelles, où l'on trouva plus de 20 pièces de canon, dont quelques mitrailleuses, un matériel considérable et des munitions de guerre en grande quantité ; 238 prisonniers de l'armée, faits le 18 mars, et qui n'avaient pas voulu servir la Commune, sont délivrés. Ce mouvement fait le plus grand honneur aux deux officiers qui l'ont dirigé.

Les ponts-levis des portes Bineau et de la Révolte furent levés, et la 2e compagnie du 2e bataillon occupa cette position. Le reste du 2e bataillon (commandant de la Courneuve) suivit les remparts, s'empara de la porte Courcelles et continua à s'avancer jusqu'au poste-caserne du bastion 46, occupé par quelques insurgés, et s'en empara.

Le 1er bataillon, dirigé par le commandant de Bainville, arrivait au même moment au pas de course, par l'avenue Gourgaud et le boulevard Berthier, et, après avoir essuyé une vive fusillade, s'emparait de la porte d'Asnières et de l'ouvrage en terre qui défendait la rue d'Asnières, lequel fut occupé aussitôt par la 3e compagnie du 1er bataillon, pendant que 2 compagnies, sous les ordres du capitaine Mermet, se prolongeaient le long des remparts en prenant position sur le chemin de fer et dans les magasins de la gare pour prévenir tout retour offensif.

11 canons ou obusiers à âme lisse, dont plusieurs encore chargés, ainsi qu'un grand nombre de pièces de position, restèrent en notre pouvoir.

L'irruption du régiment dans l'intérieur des fortifications avait été si prompte, que les insurgés qui défendaient le village d'Asnières n'avaient pas eu le temps d'abandonner leurs positions ; ils voulurent rentrer par la porte d'Asnières au moment où nous venions de la prendre. Deux compagnies déployées le long des remparts ouvrirent sur eux un feu des plus nourris : ils s'enfuirent à toutes jambes vers la porte Clichy et le chemin de fer de l'Ouest, laissant un grand nombre de morts sur le terrain.

Les compagnies qui avaient pris la place Pereire avaient placé des avant-postes jusqu'au boulevard Malesherbes et la place Wagram.

Le 3e bataillon (commandant Poncelet) avait déblayé le terrain jusqu'au parc Monceau, malgré une fusillade assez vive sur le boulevard de Courcelles, avait occupé le parc et se reliait avec le gros du régiment par sa gauche ; il resta une heure environ dans cette position et revint ensuite se rallier au régiment place Pereire.

Il était 11 heures environ ; le 1er provisoire était maître de la moitié du 17e arrondissement, et fortement retranché sur les positions conquises.

Le reste des troupes du 5e corps d'armée, à partir de l'Arc de triomphe, avait occupé pendant ce temps-là : le faubourg Saint-Honoré jusqu'au boulevard

Haussmann, l'avenue de Messine, le parc Monceau, le boulevard Malesherbes jusqu'à Saint-Augustin, et avait enlevé de vive force le collége Chaptal sur le boulevard des Batignolles, position fortement retranchée sur laquelle les insurgés comptaient pour défendre le 17e arrondissement et la barricade de la barrière Clichy, une des principales avancées de Montmartre.

Vers 5 heures du soir, le régiment est relevé par des troupes de la division Grenier (corps Ladmirault) et va bivouaquer boulevard de Neuilly : il y passe la nuit du 22 au 23.

Le mardi 23 mai, à 4 heures du matin, le régiment était formé en avant du parc Monceau. Il resta en réserve, opérant le désarmement des Batignolles et de nombreuses arrestations.

A midi, le 3e bataillon (commandant Poncelet) fut envoyé pour soutenir le 2e régiment au collége Chaptal et prit part aux diverses opérations de la place Clichy sous les ordres du général de Courcy.

Le soir, le régiment rejoignit le reste de la brigade, place de Clichy, et vint s'établir ensuite rue Blanche, où il bivouaque. En y arrivant, les deux premières compagnies du 1er bataillon prêtent la main aux troupes qui attaquaient les barricades de la rue de la Chaussée-d'Antin et occupent militairement l'église de la Trinité.

Le 24, à midi, le régiment tout entier (sauf la 6e du 1er, qui reste pour occuper le collége Chaptal, rue Blanche, 29) prend les armes, suit la rue Châteaudun jusqu'à son point d'intersection avec la rue Lafayette ;

là, deux compagnies de tête (1ʳᵉ et 2ᵉ) occupent rapidement les deux dernières maisons et dirigent immédiatement, des étages supérieurs, un feu nourri et d'enfilade sur les barricades qui défendent la rue Lafayette et qui sont soutenues par la caserne de la Nouvelle-France à droite, l'église Saint-Vincent de Paul à gauche, et la maison solidement établie de Debain (facteur de pianos-orgues) en face. Un feu nourri part de toutes les positions des insurgés. Le régiment s'élance alors au pas de charge et enlève à la baïonnette, avec un entrain admirable, toutes les barricades qui étaient devant lui jusqu'à la place Lafayette, et s'y maintient en continuant le feu contre les défenses plus avancées, qui finissent par tomber par suite des mouvements tournants exécutés sur la gauche et sur la droite par des régiments du 5ᵉ corps. Le 3ᵉ bataillon reçut l'ordre du général Clinchant d'aller occuper la rue du Faubourg-Montmartre ; une compagnie de ce bataillon (la 5ᵉ) prit position sur le boulevard Poissonnière et prit une part active à la prise de la barricade de la porte Saint-Denis, une autre garda le débouché de la rue Bergère, une troisième surveilla le faubourg Montmartre, une autre section fut placée rue Monthyon, et le reste du bataillon (1ʳᵉ et 4ᵉ compagnies) forma la réserve.

A 8 heures du soir, le 3ᵉ bataillon releva divers postes occupés par les 13ᵉ et 14ᵉ régiments et eut pendant la nuit jusqu'au lendemain à midi une situation sérieuse et difficile pour protéger les travaux d'approche et de communications faits pour l'attaque du Château-d'Eau.

Le régiment (1er et 2e bataillons) passe la nuit rue du Faubourg-Poissonnière.

Le lendemain 25, le régiment se porte sur le boulevard de Strasbourg, dégage toutes les rues avoisinantes, ainsi que la mairie du 10e arrondissement, et campe boulevard de Strasbourg, entre la rue du Château-d'Eau et le boulevard Saint-Martin.

Le régiment est au complet par suite de la rentrée du 3e bataillon : une compagnie occupe la mairie du 10e arrondissement, une autre le passage Brady. On commence le désarmement du quartier et l'on opère un grand nombre d'arrestations très-importantes.

Le 27, le 1er régiment provisoire reste dans ses positions de la veille et continue la mission de désarmement qui lui est confiée.

Le soir, vers 6 heures, le 2e bataillon est détaché en entier, sous les ordres du lieutenant-colonel Bernier, et va occuper la rue Albouy, en réserve derrière le 2e régiment qui occupe la caserne du Prince-Eugène. Ce bataillon a pour mission de surveiller le canal Saint-Martin, de désarmer la portion du 10e arrondissement comprise entre la rue du Château-d'Eau et le canal Saint-Martin.

Le 28, rien n'est changé dans la situation du corps, qui rentre le lendemain à Versailles au milieu des acclamations de la population.

La 6e compagnie du 1er bataillon reste plusieurs jours au collége Chaptal (rue Blanche, 29).

Elle opère et termine complètement le désarmement du quartier et y fait un grand nombre d'arrestations.

Tel est succinctement le résumé de la part glorieuse

qu'a prise le 1er régiment provisoire dans les mémorables journées des 22, 23, 24, 25, 26, 27 et 28 mai 1871, où l'armée a sauvé la France du pillage et de la dissolution sociale.

Les pertes éprouvées, tant pendant le siége de Paris que pendant l'action dans la capitale, s'élèvent à 94, qui se décomposent ainsi qu'il suit :

Tués	Officiers	1	10	94
	Troupe	9		
Blessés	Officiers	7	83	
	Troupe	76		
Disparus	Officiers	»	1	
	Troupe	1		

Le colonel, à la suite de la prise de Paris, a cité à l'ordre du régiment comme s'étant particulièrement distingués les officiers, sous-officiers, caporaux et soldats dont les noms suivent :

État-major

M. Bernier, lieutenant-colonel ;

Officier supérieur plein de bravoure, de sang-froid et d'intelligence, qui n'a cessé un seul instant d'être au premier rang et de s'acquitter avec zèle des missions les plus difficiles.

M. de Bainville, chef de bataillon ;

A dirigé son bataillon avec énergie, sang-froid et intelligence.

M. de la Courneuve, chef de bataillon ;

A dirigé son bataillon avec énergie, sang-froid et intelligence.

M. Poncelet, chef de bataillon ;

A dirigé son bataillon avec énergie, sang-froid et intelligence.

M. Saint-Marc, chef de bataillon ;

Malgré une maladie cruelle qui lui occasionnait des souffrances atroces, a persisté à faire son devoir et à s'employer pour les missions les plus périlleuses.

M. Mermet, capitaine adjudant-major ;

Officier d'une bravoure hors ligne et d'un dévouement sans bornes, s'est fait remarquer partout, principalement à l'attaque de la porte d'Asnières.

M. Herbinger, capitaine adjudant-major ;

S'est fait remarquer principalement à l'attaque des barricades de la rue Lafayette, où il a été blessé grièvement.

Raymond, caporal clairon ;

Très-brave et très-dévoué, toujours en tête à l'attaque des barricades ; a tué plusieurs insurgés à coup de baïonnette.

Deschamps, sapeur ;

Blessé à l'attaque des barricades de la rue Lafayette ; s'est fait remarquer par son courage.

Pierron, sapeur ;

Grièvement blessé au pied.

1er bataillon

M. Yver, capitaine ;

Blessé grièvement à la tête de sa compagnie, en enlevant la barricade de la porte d'Asnières.

M. Denise, lieutenant ;

A dirigé sa compagnie avec infiniment d'entrain et d'intelligence, après la blessure de son capitaine.

M. Petit, sous-lieutenant ;

Mort au champ d'honneur.

M. Limaux, capitaine ;

A enlevé avec le plus grand entrain et occupé avec un sang-froid incomparable les barricades de la porte d'Asnières, et attaqué de même celles de la rue Lafayette.

M. de Blarer, lieutenant ;

A tourné et enlevé avec bravoure les barricades de la place Pereire et la gare de Courcelles. A accompli plusieurs missions délicates avec succès.

M. Gabrielli, sous-lieutenant ;

S'est toujours lancé en avant avec la plus grande énergie ; très-brillant et très-calme au feu.

M. Boutteville, sous-lieutenant ;

Est arrivé à la barricade de la place Lafayette vingt pas avant sa troupe, entraînant tout le monde.

M. Moinot, capitaine ;

Officier plein d'entrain et d'intelligence ; s'est distingué dans toutes les occasions.

M. Jarsallé, sous-lieutenant ;

S'est fait remarquer par son zèle et son sang-froid, a dirigé sa section remarquablement.

RITT, sergent ;

D'une bravoure hors ligne, se jouant du danger, arrivant le premier partout, type du sous-officier rompu à tous les dangers et à toutes les fatigues.

COUZINET, sergent-major ;

Avec 25 hommes, a fait 13 prisonniers, tué un maréchal des logis chef d'artillerie insurgé et 4 insurgés.

M. DIS, capitaine ;

Blessé à la tête de sa compagnie.

DE LA LONDE, sergent-fourrier ;

Blessé grièvement en arrivant un des premiers sur la barricade de la porte d'Asnières.

M. BOYER, capitaine ;

A conduit sa compagnie d'une manière admirable.

M. ROBERT, lieutenant ;

Blessé à la tête de sa compagnie.

FONTANIOL, soldat ;

Deux blessures.

SIMON, soldat ;

Quatre blessures.

PENEAU, soldat ;

Blessé grièvement.

2e bataillon

M. DE LA CHAUSSÉE, capitaine ;

Blessé en tête de sa compagnie, plein de zèle et de courage, d'un dévouement sans bornes pour ses chefs.

M. SOUVILLE, capitaine ;

A été remarqué par son énergie et son entrain.

M. CAILLEMER, capitaine ;

A été remarqué par son énergie et son entrain.

M. RAISSAC, capitaine ;

A été remarqué par son énergie et son entrain.

M. HONTARRÈDE, capitaine ;

A enlevé à la tête de sa compagnie, de la manière la plus brillante, la barricade de la porte Saint-Denis.

M. PETIT-MAIRE, lieutenant ;

S'est conduit avec le plus grand entrain à toutes les attaques.

M. CERAGIOLI, lieutenant ;

S'est conduit avec le plus grand entrain à toutes les attaques.

M. GALANT, sous-lieutenant ;

Vaillant officier, blessé à l'attaque des barricades de la rue Lafayette.

Dorel, sergent ;

Deux blessures et une contusion, a fait partie des volontaires dans les embuscades en avant des tranchées pendant le siége de Paris ; a placé le drapeau tricolore sur la porte Maillot.

M. Durand, sous-lieutenant ;

Est arrivé le premier sur les batteries de la porte Maillot, a enlevé le drapeau rouge et une bannière de francs-maçons qui y flottaient, et les a remplacés par le drapeau tricolore.

Sage, caporal ;

A eu le bras traversé par une balle.

Accary, soldat ;

Blessé le 24 mai, rue Lafayette.

Silvès, soldat ;

Blessé le 24 mai, rue Lafayette.

3e bataillon

M. Saunier, sous-lieutenant ;

A constamment fait preuve du plus grand entrain, et n'a pas hésité à s'arrêter pour porter lui-même en lieu sûr le sergent Albouy, blessé d'une balle.

M. Zentgraff, capitaine ;

Qui s'est distingué par son sang-froid et son courage dans la défense de la place Wagram, qu'il occupait avec sa compagnie et la 4e.

M. de Breyne, capitaine ;

Qui, dans les postes les plus périlleux, a toujours fait preuve du plus grand calme.

M. Abadie, capitaine ;

N'a cessé de surveiller ses tirailleurs dans les postes avancés et de diriger leur feu.

M. Girardel, capitaine adjudant-major ;

Qui a fait preuve de la plus grande intelligence dans les ordres qu'il a été chargé de communiquer.

M. Jarlot, lieutenant ;

Cité par son capitaine pour son courage et son sang-froid.

M. Bauger, sous-lieutenant ;

Plein d'entrain et d'activité.

M. Gillard, sous-lieutenant ;

Toujours prêt à se rendre aux postes dangereux.

Albouy, sergent ;

A été blessé à la tête de sa compagnie.

Nochez, soldat ;

A été blessé en arrivant le premier de la compagnie sur une barricade.

FLEURET, caporal ;

A été blessé en arrivant le premier de la compagnie sur une barricade.

DELFOUR, soldat ;

A reçu trois blessures graves à la prise d'une barricade.

M. HOTZ, lieutenant ;

S'est distingué d'une manière toute particulière à l'attaque de la barricade de la place Moncey.

Détachés comme francs-tireurs auxiliaires d'artillerie

BILLOT, sergent ;

Blessé très-grièvement à la prise de la barricade de Clichy.

GAUTROT, soldat ;

Blessé légèrement.

DEGUILLAGE, soldat ;

A fait volontairement partie des francs-tireurs.

BARRÉ, soldat ;

A fait volontairement partie des francs-tireurs.

HUMBERT, soldat ;

Blessé. A fait volontairement partie des francs-tireurs.

CHOLLET, soldat ;

Blessé. A fait volontairement partie des francs-tireurs.

DÉCORATIONS ET MÉDAILLES ACCORDÉES AU CORPS A LA SUITE DU SIÉGE DE PARIS

A la suite du siége de Paris, les récompenses suivantes ont été accordées au régiment par le président de la République.

Ont été nommés dans l'ordre national de la Légion d'honneur :

Au grade de commandeur :

M. HUBERT DE LA HAYRIE, colonel.

Au grade d'officier :

M. DE BAINVILLE, chef de bataillon ;

M YVER, capitaine.

Au grade de chevalier :

M. Herbinger, capitaine adjudant-major ;
M. Moinot, capitaine ;
M. Guntz, capitaine ;
M. Robert, lieutenant ;
M. Denise, lieutenant ;
M. Vallier, sous-lieutenant.

Médaille militaire :

Labrousse, sergent ;
Paulus, sergent ;
Albouy, sergent ;
Uberalle, sergent ;
Zomini, sergent ;
Forge, sergent ;
Dorel, sergent ;
De la Londe, sergent-fourrier ;
Raymond, caporal clairon ;
Fringant, caporal ;
Simon, soldat ;
Le Joseph, soldat ;
Isack, soldat ;
Grégoire, soldat ;
Barré, soldat ;
Deschamps, sapeur ;
Blanc (Michel), sapeur.

Un décret du président de la République en date du 10 avril 1872 ayant prescrit que les régiments provisoires devenaient définitifs et prendraient la dénomination de régiment de ligne avec un numéro de série, le 1er régiment provisoire a pris la dénomination de 101e de ligne qu'il porte actuellement.

Evreux, Ch. Herissey, imp. — 775.

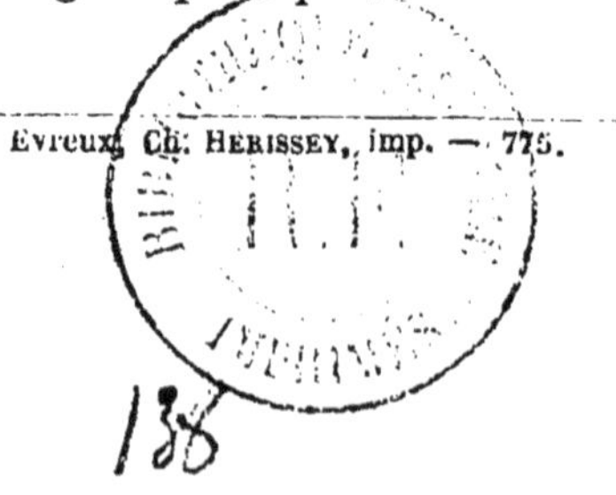

www.ingramcontent.com/pod-product-compliance
Ingram Content Group UK Ltd.
Pitfield, Milton Keynes, MK11 3LW, UK
UKHW020404220726
13923UKWH00004B/1724